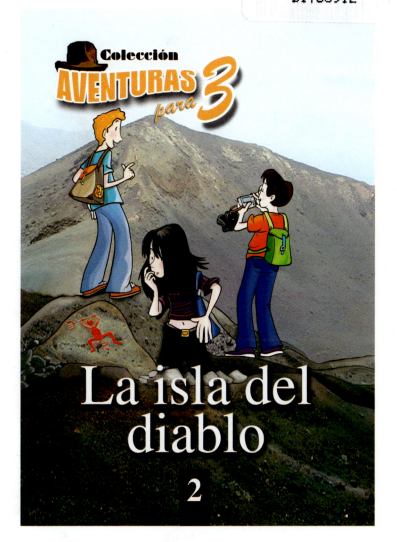

Colección

AVENTURAS *para* 3

La isla del diablo

2

ÍNDICE

CAPÍTULOS

Los protagonistas

Andrés

Primo de Juan (los padres de Juan y Andrés son hermanos) y amigo de Rocío. Es delgado, no muy alto. Es serio, tranquilo, calculador y tiene un gran sentido de la orientación. Le encantan los ordenadores y la informática. Estudia en el colegio San José[1], de jesuitas, en Valladolid. Su padre, *Martín*, es biólogo. Su madre, *Laura*, es diseñadora de moda.

Juan

Primo de Andrés. Es muy amigo de Rocío. Es alto, fuerte y muy ágil. Tiene un carácter alegre e impulsivo y no tiene sentido de la orientación. Estudia en el instituto Zorrilla. Su padre, *Esteban*, es profesor de Educación Especial. Su madre, *Carmen*, es fisioterapeuta.

Rocío

Es muy amiga de Juan desde la escuela primaria y ahora estudian en el mismo instituto. Es alta y delgada, de aspecto frágil. Es imaginativa y le gusta la magia y la aventura. Su padre, *Fernando*, trabaja en un banco. Su madre, *Inés*, es veterinaria.

---

[1] En España, en la enseñanza privada se estudia en un colegio desde los 6 años a los 18. Es decir, desde 1.º de Educación Primaria hasta 2.º de Bachillerato. En la enseñanza pública se estudia en un *colegio* la Educación Primaria. Y después se estudia en un *instituto*.

Descubre España

COMUNIDADES AUTÓNOMAS DE ESPAÑA

1. ANDALUCÍA: capital, **Sevilla.**
2. EXTREMADURA: capital, **Mérida.**
3. CASTILLA Y LEÓN: capital, **Valladolid.**
4. GALICIA: capital, **Santiago de Compostela.**
5. PRINCIPADO DE ASTURIAS: capital, **Oviedo.**
6. CANTABRIA: capital, **Santander.**
7. PAÍS VASCO: capital, **Vitoria.**
8. NAVARRA: capital, **Pamplona.**
9. LA RIOJA: capital, **Logroño.**
10. ARAGÓN: capital, **Zaragoza.**
11. CATALUÑA: capital, **Barcelona.**
12. COMUNIDAD VALENCIANA: capital, **Valencia.**
13. REGIÓN DE MURCIA: capital, **Murcia.**
14. ISLAS BALEARES: capital, **Palma de Mallorca.**
15. ISLAS CANARIAS: capitales, **Las Palmas de Gran Canaria** y **Santa Cruz de Tenerife.**
16. CASTILLA-LA MANCHA: capital, **Toledo.**
17. MADRID: capital, **Madrid**. (**Capital de España**).

Ciudades autónomas
• Ceuta
• Melilla

El lugar de la aventura

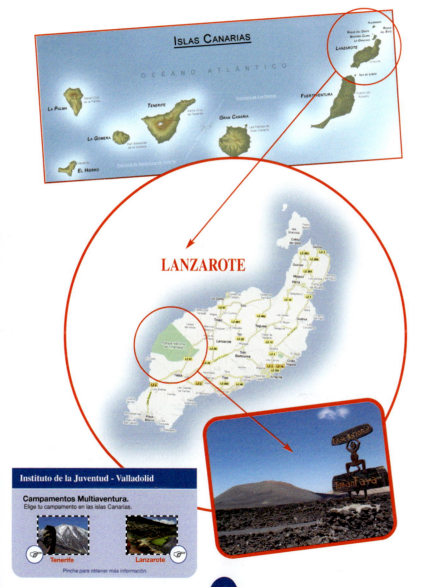

Plano de Valladolid

*Una insignia
del diablo*

Monedas

*Un crucifijo con
piedras preciosas*

Resumen Libro 1.º

El secreto de la cueva

Juan, Andrés y Rocío han pasado unos días de vacaciones en Paredes de Monte, el pueblo de los abuelos de Andrés y Juan. Allí, acompañados por dos perros, *Trisca* y *Bruno*, encuentran en una cueva abandonada una foto con cinco personas que parecen de origen latinoamericano. Los chicos los llaman «fugitivos». Encuentran también algunas monedas, un plano, una carta, un crucifijo, una insignia del diablo y…

…una gatita que adoptan y llaman *Más*.

Pero ¿quiénes son las personas de la foto?

¿Por qué no viven en la cueva?

¿Dónde están?

Capítulo 1

Adiós al pueblo

1   Rocío, Andrés y Juan están contentos de su aventura. Piensan que, al volver a Valladolid, van a solucionar todo. Además, tienen una nueva amiga, *Más*. Antes de irse hacen fotos de la cueva y de todos los objetos. Se fotografían con los perros y
5   con la gata.

Esa última noche se reúnen en la habitación de Rocío. *Más* está con ellos. Tiene una cómoda cama para dormir. Los chicos deciden guardar los objetos de la cueva en la cama de *Más*: la foto, el crucifijo, la insignia del diablo, el plano, la carta y las
10   monedas.

—*Más* nos va a guardar el tesoro.
—Es el mejor lugar.

La gatita

La gatita está contenta. Por fin tiene una familia y una casa.

Los abuelos llevan a los chicos a la estación. Se despiden con muchos besos. Y los chicos les dicen a los abuelos: «¡Hasta las próximas vacaciones!».

Ya están en el tren. Vuelven a Valladolid.

—¡Qué pena irnos! —dice Andrés.

—Bueno, tenemos a *Más* —responde Rocío.

—Sí, pero—interviene Juan— ¿qué van a decir nuestros padres?

—Juan, la gata es nuestra —dice Andrés.

—Y es nuestro problema —sigue Rocío.

—No sé yo —duda Juan.

Cuando llegan a Valladolid, sus padres están contentos de verlos. Pero la gata es el centro de atención. Martín, el padre de Andrés, como es biólogo, al ver a la gata, empieza a hablar de la raza y sus características: es una gata doméstica de una raza común, llamada «europea». Esteban, el padre de Juan, opina que tener un animal está muy bien para el equilibrio emocional de los chicos. Inés, la madre de Rocío, que es veterinaria, está contenta. Le gustan los animales.

—Oye[2], mamá, que *Más* no es solo mía. También es de Juan y de Andrés.

---

[2] Expresión coloquial que se usa para llamar la atención, en el lenguaje oral.

Pero Inés les explica que hay que hacer lo mejor para la gata y no para ellos. Los chicos piensan en el bien de la gata y deciden dársela a Rocío.

Se despiden y cada uno vuelve a su casa. Rocío se lleva a _Más_ a la suya y le prepara una camita en su habitación.

Capítulo 2

Más *da pistas*

Suena el teléfono en casa de Rocío.   1

—¿*Qué hace Más?*—pregunta Andrés.
—¿Tú qué crees? Pues[3] mirar por toda la casa. Y creo que le
gusta.
—*Bueno, esta tarde vienes a mi casa con ella y vemos las fotos*   5
—contesta Andrés.
—De acuerdo, se lo digo a mi madre a ver[4] si está de acuerdo.
Ahora llamo a Juan y nos reunimos.

La habitación de Andrés es grande. Tiene una estantería llena

---

[3] Este «pues» sirve para reforzar lo que se dice.
[4] A ver = «Voy / vas / va… a ver».

10　de libros y un ordenador encima de la mesa. Los chicos descargan todas las fotos de sus vacaciones.

—Primero tenemos que poner las fotos por orden —dice Andrés.

—¿Tienes tus dibujos, Juan? —pregunta Rocío.

15　—Mmm, sí, tengo varios, aquí están.

—Los escaneamos y hacemos un montaje con las fotos y los dibujos —dice Andrés.

　　　　　　　—¿Y este diablo? ¿De dónde es? —pregunta Rocío con mucho interés.

20　　　　　　　—No sé, de verdad. Ya sabes —dice Juan— que cuando veo algo en mi mente, lo dibujo. Y después, a veces, lo veo en la realidad.

25　　　　　　　—Pues a ver si, de verdad, encontramos este diablo rápidamente —dice Andrés.

—Bueno, ¿no podemos ver las fotos en una presentación? —pregunta Juan.

30　—Sí, claro, vamos a hacerla —dice Andrés.

—¡Y con música, por favor! —pide Rocío.

—Bueno, si tú buscas la música.

—¡Estupendo!

Al fin pueden ver la presentación. Es muy bonita.

35　—¡Qué bien estás en las fotos, Rocío!

—Tú también estás muy bien aquí, Juan.

—Yo voy a poner de fondo de escritorio esta foto. Estamos los tres con _Bruno_ y _Trisca_ —dice Andrés—. ¿Os gusta? ¿Y tú, Rocío?

—Yo prefiero la foto de la cueva con las velas[5]. Tiene mucho misterio.

—Un momento. Mirad esta foto —pide Rocío.

—¿Por qué? ¿Qué pasa? —pregunta Juan.

—¿No la puedes hacer más grande, Andrés? —dice Rocío.

—Sí, claro. Ya está. ¿Qué quieres ver?

—¿Qué le pasa a esta foto? —dice Juan.

—¿Qué veis en la pared[6] de la cueva? —pregunta Rocío.

—Pues… no vemos nada —dicen los dos.

—Mirad, ahí encontramos el crucifijo. ¿Qué veis debajo?

—Pues no sé…, a ver.

—Se ve perfectamente un dibujo —dice Rocío.

—A ver. Un poco más grande, Andrés —pide Juan.

—¿Veis ahora lo que os digo?

—Pues no, Rocío, no veo nada.

Un crucifijo —Yo veo un rabo… ¡Es el mismo dibujo de la insignia del diablo!

—¡Señoras y señores, les presentamos a Rocío _la fantástica_!

—Espera, Andrés, Rocío puede tener razón.

—Sí, es verdad. _Más_, déjanos mirar una cosa —dice Andrés.

Andrés va a la cama de _Más_, la levanta y saca la insignia del diablo. La compara con el dibujo de la foto.

---

[5] Ver Libro 1 _El secreto de la cueva._
[6] Lado, superficie vertical.

—¿Lo veis ahora? —grita Rocío—. Es igual.

—Bueno, sí, con mucha imaginación se parecen en algo, es
65 verdad.

—Tengo la explicación —habla Andrés—. Los latinoamericanos dibujan en la pared la insignia del diablo…

—Claro, y luego ponen el crucifijo al revés —sigue Rocío.

—Diablo, diablo, diablito, por favor —dice Andrés—, dinos
70 dónde están estas personas.

El gato está jugando con un papel y lo tira a los pies de
Juan.

—Pero, *Más,* ¿qué haces con este papel? —le dice Andrés a la
gata.
75 —Espera, Andrés, este papel es el plano de Valladolid. *Más* nos
recuerda la pista que tenemos que seguir —comenta Rocío.

—Es verdad. Muchas gracias, *Más.*

Los chicos extienden el plano
sobre la mesa y lo miran con aten-
80 ción. Después de un momento,
Juan pregunta:

—Pero ¿de dónde es este plano?, yo no reconozco el nombre
de ninguna calle.

—Yo tampoco, pero aquí pone Valladolid —responde Andrés.
85 —A mí me parece misterioso —dice Rocío.

Buscan un plano de Valladolid y lo comparan con el que
tienen. No se parecen.

—¿Lo veis? Este plano es muy diferente —exclama Juan.

—Porque es un plano para los diablos. Solo lo entienden ellos —dice Rocío. 90

—Rocío, tienes una imaginación increíble —le dice Andrés.

—No, ahora en serio, a ver, ¿qué sabemos de ellos? Primero tú, Juan.

—Pues… sabemos que son cinco, los que están en la foto.

—Y que viven en la cueva —sigue Andrés. 95

—Sí, y que esconden un tesoro o que tienen mucho dinero…

—Ya sé lo que vas a decir —interrumpe Juan—, ¡porque son amigos del diablo!

—No, no, estoy pensando que… ¡ya lo sé! —exclama Rocío—, ¡hay que buscar en otro lugar! 100

La gata se sube encima del plano. Los chicos se ríen.

—A ver, _Más_, dinos dónde están los fugitivos —dice Juan cogiéndola en brazos.

—Mirad —sigue Rocío—, el plano nos indica que pueden estar en Valladolid, pero no encontramos el sitio porque estamos mirando el centro de la ciudad: la Plaza de la Cruz Verde, la calle Santiago, la Plaza Mayor, el Campo Grande, el Paseo Zorrilla… 105

La calle Santiago

Paseo y plaza Zorrilla

El Campo Grande

—¿Sabéis lo que estoy pensando? —pregunta Andrés.

—Pues no —contesta Juan.

110 —Que si están en Valladolid deben de estar…

—Ya sé. Están en las cuevas —dice Rocío.

—¡Eso es! —dice Andrés.

—¡Claro![7] Aquí, ¡en el Cerro de San Cristóbal! —exclama

115 Juan señalando un lugar en el mapa.

—Ahora está claro: los fugitivos van de las cuevas de Paredes de Monte a las cuevas del

120 Cerro de San Cristóbal.

El cerro de San Cristóbal

—Yo no conozco estas cuevas, ¿y tú, Juan?

—Yo tampoco.

—El Cerro de San Cristóbal domina toda la ciudad. Es muy

125 bonito verla desde allí —dice Andrés.

—Tenemos que preguntar a nuestros padres si saben algo de esas cuevas —propone Rocío.

—Eso no —se opone Juan—, porque luego nos van a hacer preguntas. Van a querer saber todo.

130 —Tienes razón. Tenemos que ir nosotros solos e investigar —responde Andrés.

—Claro, pero necesitamos un día entero, ¿no? —dice Juan.

—Pues eso, a final de curso decimos que vamos a hacer una excursión —comenta Rocío.

---

[7] Evidentemente.

Entonces Juan tiene una idea y le dice a Andrés en voz 135
baja:

—Podemos celebrar el cumpleaños de Rocío en el Cerro.

—¡Estupendo! —responde Andrés.

—Y esos secretitos, ¿qué pasa? —pregunta Rocío.

—Bueno, te lo vamos a decir… ¿Qué día es el 29 de junio? 140

—Uhm… ¡el día de mi cumpleaños! Cumplo trece años —exclama Rocío.

—Y lo podemos celebrar en las cuevas del Cerro de San Cristóbal —explica Andrés.

—Es una gran idea —dice Rocío. 145

—Les decimos a nuestros padres que vamos de excursión. Llevamos la tarta con las trece velas y todo —sigue Juan.

—Y podemos invitar a los latinoamericanos si los encontramos —dice Rocío muy contenta.

—Bueno, bueno —interrumpe Juan seriamente—, pero ahora 150
lo primero es estudiar mucho. Si no tenemos buenas notas, no
nos van a dejar salir.

Capítulo 3

Las cuevas del Cerro de San Cristóbal

1   Esos días Juan y Andrés se llaman mucho por teléfono. Tienen que pensar en un regalo para Rocío.

—Yo pienso que puede ser un CD…

—¿Otro? Si tiene muchos. Eso no es nada original.

5 —Tienes razón, además, el trece es un número misterioso así que el regalo tiene que ser también de misterio.

—¡Ya sé! Un libro de magia. Eso es.

—¡Tiene muchos también!

—¿Y ropa?

10 —¡Genial![8], le encanta la ropa.

---

[8] ¡Estupendo!

—Vamos a la tienda que tiene cosas góticas[9].

—Estupendo. Creo que le puede gustar una camiseta con el diablo.

—¡Muy buena idea! Eso es lo mejor.

Sin perder tiempo van a la tienda.   15

—Perdón. Queremos una camiseta con un diablo para una amiga nuestra.

El vendedor los lleva donde están las camisetas.

—Ahí tenéis.

Los chicos miran todas las camisetas y   20
eligen una de color negro con un diablo
con piedras rojas en los ojos.

—Sí, esta le va a gustar —afirma el vendedor—. La vendemos mucho.

Los chicos la compran y se van a casa de Rocío.   25

—¿Qué dicen vuestros padres de la excursión? —pregunta Rocío.

—En mi casa todavía no lo saben. No es el momento. Mi padre —explica Andrés— dice que estoy siempre jugando con el ordenador y que el ordenador es para trabajar y no para jugar.   30

---

[9] La ropa «gótica» es de color negro, con dibujos y adornos misteriosos.

—Pues mi madre también dice que estoy siempre con vosotros y que no estudio.

—Y a mí, mi padre —dice Juan— todas las noches me pregunta mis notas.

35   Los chicos estudian mucho y tienen buenas notas en los exámenes de final de curso. Ahora pueden ir al Cerro de San Cristóbal. Andrés hace la lista de lo que tienen que llevar: linternas, el plano de Paredes de Monte, comida, la tarta, las velas, etc. Lo tienen todo.

40   Salen de sus casas a las diez de la mañana y, cuando llegan al Cerro, miran la vista panorámica. La emoción es intensa. Ven toda la ciudad de Valladolid. Rocío extiende los brazos y grita:

—*Vade retro, Satanás*[10].

—Pero, Rocío, ¿qué dices?

45 —le pregunta Juan.

—Quiero sacar a los malos espíritus de aquí.

    Los chicos empiezan a buscar y buscar, pero no encuentran ninguna cueva. Deciden bajar por el lado opuesto, donde el

50 campo tiene todavía un aspecto salvaje.

—Mirad —dice Juan—, allí parece que hay unos agujeros.

—¿Dónde? —preguntan los otros.

—Allí, ¿no los veis?

---

[10] La frase está en latín y quiere decir: «Retírate, Satanás». Está tomada de la *Biblia* (Evangelio de Mateo, 4). Jesús se la dice al diablo. Se usa como fórmula mágica para echar fuera a los malos espíritus.

—Sí, ya los veo —dice Andrés.

—¡Son cuevas! —exclama Rocío.   55

—Sí, pero creo que no se puede entrar, ¿no, Andrés?

—Vamos a ver.

Los chicos van de cueva en cueva, pero no se puede entrar en ninguna. Finalmente se paran delante de una que tiene piedras delante de la entrada. Están cansados.   60

—Estoy muy cansada —dice Rocío—. ¿Por qué no quitamos las piedras después de comer?

—Yo también estoy cansado —dice Andrés.

—Además es hora de comer. Paramos y comemos, ¿vale[11]?

—propone Juan.   65

—Buena idea, ¡a celebrar mi cumpleaños! Primero los bocadillos —dice Rocío y se sienta en el suelo.

—Eso, y luego —Andrés pone las manos en forma de trompeta— ¡tachín, tachín!, ¡la tarta!

—Sí, pero… un momento —dice   70
Juan—, no podemos encender las
velas de la tarta aquí fuera, hay
mucha luz y hace un poco de aire.

Después de comer los bocadillos, Juan empieza a quitar las piedras que cierran la entrada de la cueva.   75

—¡Yupi! Ya se puede entrar. Hay un túnel. Podemos encontrar un lugar bonito para comer la tarta.

---

[11] Expresión que se usa para pedir o expresar acuerdo.

nivel

—¡Vamos, chicos! —grita Andrés.

—Yo llevo la tarta y las velas —dice Rocío.

80   Con las linternas en la mano entran en el túnel. El túnel es cada vez más ancho. Por fin llegan a una gran sala. Con las linternas la examinan.

—Este lugar es perfecto. Aquí, aquí nos que-
85   damos —decide Rocío.

Una linterna

Rocío y Juan preparan el sitio para sentarse, Andrés hace fotos. Ponen la tarta sobre una piedra y cogen otras para sentarse. Juan pone las trece velas sobre la tarta, las enciende y empieza a cantar:

90   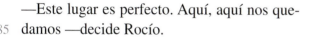

Rocío está emocionada. Los chicos le dan su regalo.

—¡Qué ilusión! ¿Qué es?

—Adivina —le dice Juan.

95 —A ver, a ver, no son bombones, ¿verdad?

—¡Puah[13], bombones! ¡Es más original! —exclama Andrés.

—No, no se come, se pone —Juan le da una pista.

—¿Se pone? Entonces, ¿qué es?

---

[12] La letra de la conocida canción de cumpleaños dice en España: «… te deseamos todos…», pero a veces se cambia por el nombre de la persona del cumpleaños.
[13] Exclamación en la conversación oral para mostrar desacuerdo.

—Ábrelo, ábrelo.

Nerviosa, rompe el papel y abre el regalo.   100

—¡Una camiseta! ¡Es muy bonita! Este diablo es…, me gusta mucho. Sois muy buenos amigos.

Les da dos besos a cada uno y sopla las velas. En ese momento se oye un gran   105 ruido. Primero ven una luz y luego oscuridad. Los chicos tienen miedo.

—¿Qué pasa? —pregunta Rocío.
—No sé —dice Juan en voz baja.

Encienden una linterna, miran alrededor y ven la linterna de   110 Rocío en el suelo. Andrés lo explica con ruidos y risas:

—Es la linterna que cuando se cae hace ¡PUMMM!, luego ¡CHISSSS! y se enciende y después hace ¡FFFFFFFF! y se apaga.
—Yo creo que al diablo le gusta mi camiseta y nos lo hace   115 saber.
—Callad un momento, se oye algo de verdad —dice Juan.

Oyen unos ruidos muy ligeros. Con las linternas iluminan toda la cueva, pero no descubren nada.

—Shssssssssssssssssssssssssss.   12

De nuevo se oyen los ruidos. Esta vez dirigen sus linternas arriba.

—Mirad allí, un murciélago.

125 —¡Qué emocionante! —dice Rocío.

Un murciélago

—Emoción, no sé, pero a mí… los murciélagos… brrr[14] —dice Juan.

—Mira ahí, hay muchos murciéla-gos, unos sobre otros.

130 Los chicos no se mueven. Hablan en voz baja.

—Andrés, ¿tú crees que se pueden lanzar sobre nosotros? —pregunta Juan, inquieto.

—No, es su hora de dormir.

—Pero si se despiertan…

135 —Decides tú, Rocío.

—Yo creo que es mejor seguir la fiesta fuera.

Cada uno coge un trozo de tarta en silencio. Después salen de la gran sala y corren por el pasillo hacia la salida. En poco tiempo están fuera. Se sientan a la entrada para respirar.

140 —Bueno —dice Andrés—, por lo menos sabemos que nuestros fugitivos no pueden estar aquí.

—Sí, ¿cómo van a vivir en estas cuevas con los murciélagos? —insiste Juan.

---

[14] Expresión de desagrado o miedo.

Una mujer gitana

Una mujer muy vieja, con ropa de colores, aparece delante de ellos. Es una gitana. Habla con ellos con gestos amables y unas palabras que no entienden. 145

—Mira, quiere leernos las manos, decirnos nuestro futuro. 150

Los chicos piensan que el cumpleaños de Rocío es muy original: encuentran una cueva con murciélagos, hay una mujer que les lee las líneas de la mano y les dice que van a ser muy felices. Pero a ellos nos les interesa eso y comienzan a preguntarle: 155

—¿Usted sabe si aquí vive gente?
—Antes sí. Ahora ya no, todos lejos, lejos.

Rocío le enseña el crucifijo y la insignia del diablo. La mujer grita. Hace muchos gestos. 160

—Males, muchos males —les dice.

Luego pone la insignia del diablo en su mano y añade.

—Oro, montañas de oro.

Rocío le responde que no entienden lo que quiere decir. 165

—Veo personas en montañas. Montañas del diablo. El mar. Cruzan el mar.

La mujer desaparece y los chicos no saben qué pensar.

—Esta mujer sabe que estamos buscando a alguien y…—empieza Andrés.

170

— … y nos indica el camino que… —sigue Rocío.

—Sí, pero ¿cruzan el mar?, ¿qué mar?, ¿y esas montañas dónde están? —dice Juan.

No entienden nada.

Capítulo 4

Lanzarote, la isla del diablo

Cuando llegan a casa de Rocío, *Más* parece indiferente.   1

—No estás contenta con nosotros, ¿verdad, bonita? Nunca te llevamos de aventura —le dice Rocío con cariño.

Poco a poco *Más* empieza a jugar como siempre. Mete la nariz en las mochilas. Se sube al ordenador.

—¿Qué pasa, *Más*? ¿Qué quieres? Baja del ordenador —le   5
dice Rocío.
—Pues está muy claro: hay que buscar en internet *montañas del diablo*. ¿Nos vamos a tu casa, Andrés? —pregunta Juan.
—Sí, porque mis padres no me dejan conectarme a internet —explica Rocío.   10

Primero meriendan y luego, con el permiso de Inés, se van con *Más* a casa de Andrés. Cuando están en la habitación de Andrés, *Más* se sube rápidamente al teclado del ordenador y los mira. Los tres se ríen y la obedecen. Escriben *montañas*
15 *del diablo,* pulsan y ven páginas y páginas que contienen esas palabras. Empiezan a buscar y a leer.
Algo llama su atención: *Las Montañas de Fuego del Parque de Timanfaya.*

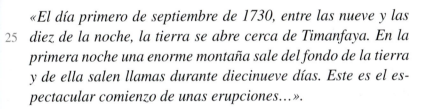

Parque de Timanfaya

—Este parque está en Lanzarote, una
20 de las islas Canarias[15] —dice Juan.
—¡Ah! Pues eso es… cruzar el mar. A ver qué dice. Lee, Andrés.
— Sí, escuchad.

«*El día primero de septiembre de 1730, entre las nueve y las*
25 *diez de la noche, la tierra se abre cerca de Timanfaya. En la primera noche una enorme montaña sale del fondo de la tierra y de ella salen llamas durante diecinueve días. Este es el espectacular comienzo de unas erupciones…*».

— ¡Impresionante! —comenta Juan.
30 —¡Mira ese diablo! ¿No es el dibujo de Juan? ¡Y es el símbolo de la isla! —grita Rocío.

Rocío está segura de que en Lanzarote les esperan muchas aventuras, pero ¿cómo ir?

---

[15] El archipiélago de las islas Canarias, situado en el océano Atlántico, cerca de África, está formado por siete islas: Gran Canaria, Fuerteventura, Lanzarote, Tenerife, La Palma, El Hierro, La Gomera.

Durante varios días buscan información sobre campamentos en las islas Canarias para chicos de su edad. Finalmente en- 35 cuentran un campamento multiaventura. Lo organiza el Instituto de la Juventud de Valladolid y pueden elegir entre dos islas: Tenerife y Lanzarote. Eligen Lanzarote.

—Mirad el programa, es muy interesante —dice Rocío.
—Y además hay clases de inglés, Juan —añade Andrés.   40
—Justamente lo que quieren nuestros padres. Ellos dicen siempre: «Las vacaciones están hechas para aprender algo».
—Perfecto.

Los chicos hablan con sus padres. A ellos les parece una buena idea. Los chicos tienen una semana para preparar esta 45 nueva aventura.

Instituto de la Juventud - Valladolid

Campamentos Multiaventura.
Elige tu campamento en las islas Canarias.

Tenerife   Lanzarote

Pinche para obtener más información.

Capítulo 5

Las Montañas de Fuego

1   Los tres amigos están muy nerviosos. Hoy es el gran día. Suben al avión. Se sientan en la misma fila. No es la primera vez que vuelan, pero tienen un poco de miedo.

Poco a poco se duermen. Solo Rocío está despierta. Escucha 5 su MP3.

El avión comienza a bajar.

—Chicos, mirad, ya se ve la isla.

Los tres miran por la ventanilla. Ven un extraordinario espectáculo lunar: hay conos volcánicos por todas partes. Es un 10 paisaje extraterrestre. Tierra oscura, casi negra, manchas de color rojo fuego, pequeñas casas blancas.

—Mirad, chicos, es fascinante —dice Rocío.

—Sí, parece que llegamos a otro planeta, ¿verdad, Juan?

—No es como España.

—Pero ¿qué dices? Si esto es también España —responde 15 Rocío.

—Bueno, no es como la Península[16], quiero decir —contesta Juan.

Cuando llegan al aeropuerto notan el olor del mar y el calor.

—Aquí todo es mar —dice Rocío abriendo mucho los bra- 20 zos—. ¡Me encanta el mar!

—Es que Valladolid es todo tierra —le responde Juan.

—Y el río, ¿qué? —pregunta Andrés.

—¡Hombre![17] El Pisuerga es bonito, pero no es el mar —ríe Juan.

25

Diablo de Lanzarote

El autocar va por toda la isla hasta llegar al campamento. Todo les gusta, especialmente el símbolo del diablo. En los carteles, en la entrada de los pueblos, allí está ese simpático diablo con larga cola y un tridente en la mano.

30

—Ahora sí que estamos en la isla del diablo —dice Andrés.

—Pero desde luego este diablo no se parece al de la insignia de la cueva —dice Rocío.

---

[16] Es decir, la Península Ibérica.
[17] Expresión coloquial de tipo exclamativo.

35 —Claro, este diablo se parece a «mi» diablo, y Juan mira su dibujo con cara de satisfacción.

El campamento está situado en medio de tierras volcánicas. A lo lejos se ve el mar y por otro lado, cerca, se
40 levantan las Montañas de Fuego del Parque de Timanfaya.

Montañas de Fuego del Parque de Timanfaya

Andrés y Juan están en la misma habitación. Rocío está en otra. Ponen sus cosas en orden y se reúnen los
45 tres en el patio del campamento.

Están impresionados por el color de la tierra. Andrés coge un poco en una mano.

—Esto es lava, ¿verdad? —pregunta Juan.

—Sí, parece que es tierra quemada por el diablo —responde
50 Rocío.

Después de cenar, Andrés mira las Montañas de Fuego y habla con ellas. Les dice que van a ir a verlas y que quieren saber su secreto. Juan y Rocío se ríen de él.

Le gusta la puesta de sol y hace fotos. Cuando ya tiene mu-
55 chas, se las enseña a sus amigos. Entonces ven que en alguna foto hay una mancha blanca. Miran las montañas y la mancha no está.

Andrés hace más fotos y siempre sale un punto luminoso en medio de las montañas. Está claro que sus ojos no lo ven, pero
60 el ojo de la cámara sí. ¿Una visión? ¿Una mancha fantasma? Otro misterio para la primera noche en Lanzarote.

—Tenemos que fijarnos bien dónde está la mancha —comenta Andrés.

—Yo creo que es un signo —dice Rocío.

—¿Un signo de quién? —pregunta Juan, que está dibujando. 65

—¿De quién va ser, Juan?

—Sí, sí, de nuestro amigo el diablo.

—Es que esta noche es muy especial: hay luna llena —dice Rocío.

Al día siguiente en el campamento se prepara una excursión 70 a Timanfaya. Cuando el autocar está en medio de las montañas todos sienten una gran emoción. A veces el autocar se para. Los chicos no salen del vehículo. Ven el paisaje. Hacen fotos por las ventanillas.

—¡Qué pena! —se lamenta Rocío—, no nos dejan bajar. 75

—Tienen miedo. Puede pasarnos algo o perdernos —dice Andrés.

—Pero ¿qué puede pasar? Aquí no hay animales salvajes. ¿Tú, Juan, por qué crees que es?

—Puede ser por el fuego que sale de la tierra. 80

—O porque estamos en un Parque natural y hay que protegerlo.

—Pues qué mal, tenemos que ir al punto de la foto de ayer —insiste Rocío.

—Paciencia —dice Andrés. 85

Cuando llegan al centro del Parque, siguen con mucha atención lo que hace el guía: echa agua en el suelo, en un agujero, y unos segundos después sale una columna de vapor de varios

metros. Los chicos están sor-
90 prendidos. El guía les explica
que, por causa del calor en la
tierra, el agua se transforma en
vapor y es expulsada con mucha
fuerza.

Columna de vapor

95 Después tienen un tiempo
libre para visitar las partes
permitidas del Parque.

—Como tenemos tiempo libre,
¿por qué no vamos a buscar el punto blanco de tus fotos, An-
100 drés? —propone Rocío.
—Sí, es la ocasión, vamos, creo que está cerca.

Dejan el grupo y se van hacia la montaña. Buscan con difi-
cultad el punto exacto de la mancha de la foto.

—¿Puede ser por aquí? —pregunta Juan.
105 —No sé, todo el paisaje es igual —dice Andrés.
—A ver, Andrés, vamos a ver otra vez las fotos.

Los chicos miran las fotos en la cámara.

—Yo creo que es por aquí —dice Rocío.

Juan va delante. Ve algo y los llama con gestos. No quiere
10 gritar. Tiene miedo de los guardias del Parque. Si lo oyen, pueden venir. Andrés y Rocío se acercan a él.

—¿Qué hay?

Juan está delante de una puerta cerrada. Lee el cartel:

PELIGRO. PROHIBIDO EL PASO.

CENTRO DE ESTUDIOS VULCANOLÓGICOS[18]

—Y eso, ¿qué quiere decir?

—Juan, ¿no sabes leer? —contesta Andrés—, pues que no se 115
puede pasar.

—Bueno, eso lo ponen siempre y así los turistas no entran.

—En un centro de estudios no puede haber peligro —insiste
Rocío.

—Podemos abrir un poco la puerta y ver lo que hay dentro 120
—dice Andrés—, y además, yo creo que este es el lugar exacto
de la mancha.

—Yo no estoy de acuerdo con vosotros, ¿votamos? —propone
Juan.

—Es como en Paredes de Monte, abrimos la puerta de una 125
bodega y encontramos una cueva. Yo voto que sí —dice
Rocío.

—Sí, aquí va a pasar lo mismo. Hay algo misterioso aquí dentro. Yo también voto que sí —dice Andrés.

—Pues yo voto que no, pero entro con vosotros, claro. 130

---

[18] Estudios sobre los volcanes.

Los chicos abren la puerta lentamente. Entran en silencio. Sienten mucho calor. Avanzan poco a poco. El pasillo es ancho y se puede andar con facilidad. Pero el calor es cada vez más fuerte. Entonces un fuerte aire muy caliente los sorprende y los
135 tira al suelo. Los chicos gritan. Andrés reacciona.

—Tenemos que salir. Corred, corred.

La puerta está lejos. Sienten unas manos que los cogen con fuerza. Son los investigadores del centro de Estudios Vulcano-lógicos. Se ve en su cara que están muy enfadados. Los chicos
140 no pueden hablar. Se miran unos a otros y se ríen nerviosos porque sus caras están negras de ceniza.

—¿Es que no sabéis leer? —les preguntan los investigadores—. Aquí dice:

PELIGRO. PROHIBIDO EL PASO.

—Estamos aquí porque en las fotos sale una mancha blanca
145 —empieza a decir Andrés.
—¿Una mancha blanca? ¿Fotos? ¿Qué fotos?
—Cuando hacemos una foto a esta montaña, sale una mancha blanca y cuando miramos la montaña no vemos nada —explica Rocío.
150 —Ya sé qué pasa. Os lo explico —responde la mujer—. Mirad, tenemos un sistema de observación, un telescopio, que entra y sale del interior.

—Esto es lo que provoca a veces una mancha blanca en las fotos —dice el hombre.

Después de aclarar todo, los chicos se disculpan y se van.   155

—¡Qué miedo! —dice Rocío.
—Estamos vivos y no ha pasado nada. Eso es lo importante —afirma Juan.

Capítulo 6

Los tres avanzan en su investigación

1   Después de su aventura, llegan donde está el grupo. Buscan agua para lavarse la cara, las manos y el pelo lleno de ceniza. Luego se juntan con los demás para ver un documental sobre la tradición del diablo en Lanzarote. Los tres escuchan con
5   mucha atención.

Al final del documental, los chicos se acercan al guía. Le enseñan la insignia de la cueva de Paredes de Monte.

—¡Qué interesante! Pero esta insignia no es de aquí —dice amablemente—. Ya sabéis que hay muchos diablos.
10 —¿De dónde puede ser? —pregunta Andrés.
—Seguramente de Hispanoamérica. Tengo un amigo mexicano que tiene una igual, creo.

Los chicos quieren saber más cosas de México y de ese amigo mexicano y hacen muchas preguntas al guía.

—Por lo que veo —dice el guía— os interesa México.   15

Rocío tiene una idea. Saca la foto de su mochila y se la enseña. Este la mira rápidamente y les dice:

—Es antigua la foto, ¿son amigos vuestros?
—No, pero queremos encontrarlos y no sabemos cómo.

El guía coge de nuevo la foto. La mira y dice: 20

—Es curioso, este de la derecha se parece a Enrique.
—¿Y quién es Enrique? —pregunta Rocío.
—Un camarero del restaurante «El Diablo». Es aquel.
—Vaya, vaya, vaya[19] —dice Juan en voz baja.

Los chicos se despiden del guía y se van muy contentos   25
hacia el restaurante.

—Vamos por buen camino —dice Andrés.
—Ya sabéis, la paciencia es la condición de una buena investigación —replica Juan.
—También hay que tener mucha suerte. Vamos a ver este res-   30
taurante —añade Rocío.

Cuando llegan delante del restaurante, miran por las ventanas. No hay clientes. Solo están los camareros.

---

[19] Expresión que se usa para indicar sorpresa.

—Creo que no podemos entrar. Está cerrado. Vamos a esperar.
35 Los camareros van a salir y hablamos con ellos— dice Rocío.

La puerta del restaurante se abre y sale un camarero.

—Mira, mira, es ese, ese debe de ser Enrique… se parece al hombre de la foto.

Se acercan a él y le preguntan su nombre. Pero él no les
40 contesta. Solo hace gestos. Juan comprende que es sordomudo y que por eso no puede oír ni hablar. Él conoce un poco el lenguaje de los sordomudos porque su padre es profesor de Educación Especial. Entonces interpreta los gestos.

—Dice que él no es Enrique…
45 —¿Y qué más?
—Que Enrique está dentro, en la cocina…
—Pregúntale a qué hora termina…
—Esperad, no sé cómo preguntarle eso.

Juan hace varios gestos y luego resume la conversación.

50 —Dice que va a salir dentro de media hora.

Miran la hora y al mismo tiempo la puerta. Sale un camarero y luego sale otro. Están impacientes.
Finalmente sale un hombre. Los chicos miran la foto con atención.

55 —Sí, ese es. Vamos.

—Perdone. ¿Usted se llama Enrique? —le preguntan con la foto en la mano.

—Sí, ¿por qué? —responde él.

Le enseñan la foto. El hombre está muy sorprendido. Mira la foto con atención. Y va diciendo los nombres de todos. 60

—Son mis amigos: Roberto, Eusebio, Miguel y Amancio, pero… ¿cómo tienen ustedes esta foto? ¿Cómo los conocen? ¿Dónde…? —pregunta inquieto.

—De «usted» no, por favor —le dice Rocío—, ¡no somos mayores!, solo tenemos trece años. 65

Enrique sonríe por primera vez.

—Es que allá en América no decimos *vosotros*[20], pero, vale, ya les digo de *tú*. Y, por favor, cuéntenme, digo contadme, de qué conocéis a mis amigos.

---

[20] En España, para hablar coloquialmente se utiliza «tú» y «vosotros». Para hablar formalmente se utiliza «usted/ustedes». En Hispanoamérica se usa «ustedes» en lugar de «vosotros».

70 Ellos le cuentan su historia y Enrique se tranquiliza. Ve que solo tienen curiosidad.

—Pero ¿usted conoce las cuevas de Paredes de Monte? —pregunta Andrés.

Enrique les contesta que no.

75 —Entonces, ¿por qué está en la foto con los demás?
—La foto es antigua —contesta.

Enrique ve la impaciencia de los chicos y empieza a contarles con voz tranquila:

—Esta foto es de México, hace mucho tiempo.

80 Hace una pausa.

—¿Veis? Somos muy jóvenes y alegres. Trabajamos en una hacienda[21] mexicana. Un fin de semana vamos los cinco a una fiesta después del trabajo. Bebemos un poco, bailamos mucho, pero hay una pelea y un chico de nuestra edad, que no conoce-
85 mos, cae al suelo, se golpea la cabeza contra una piedra y se muere.

Los chicos siguen con mucho interés las palabras de Enrique. En su voz hay mucha emoción. Nadie quiere interrumpirlo. Hace otra pausa y sigue:

---

[21] Casa en el campo que trabaja la agricultura y la ganadería en México.

—Después llega la policía y comienza a preguntarnos y nos 90
dice que el chico es el hijo de un hombre muy rico de la ciudad.
Tenemos mucho miedo y decidimos irnos de allí para no tener
problemas. Amancio decide quedarse en México, pero nosotros
cuatro nos venimos a España para trabajar en el campo. Yo no
me quedo en la Península y vengo a trabajar a Canarias. Pro- 95
metemos no tomar contacto unos con otros.

Los chicos no dicen nada. Enrique mira a los tres con sim-
patía y dice con voz alegre:

—Pero algún día nos vamos a ver otra vez porque creo que mis
amigos están de nuevo en Hispanoamérica. La policía sabe lo 100
que ha pasado y es una historia terminada. Ahora creo, además,
que mis amigos son muy ricos.

Enrique se despide de los chicos, se sube a una moto y se va
rápidamente.

—¡Qué emocionante! —dice Andrés. 105
—Sí, todo está claro… Sabemos muchas cosas.
—Ahora sabemos por qué se van de América y vienen a Es-
paña.
—Sí, pero todavía hay una duda esencial. ¿Por qué están otra
vez en América? ¿Y dónde? ¿En qué país? 110
—Sí, y por qué se van de las cuevas de Paredes de Monte.

Capítulo 7

Valladolid también está en México

1   Cuando llegan al campamento están nerviosos y hablan entre ellos de la historia de Enrique. Se cuentan una y otra vez la aventura. Pero el campamento termina y hay que volver a casa.

    Durante el viaje, Andrés mira sin mucha atención la revista de
5 *Iberia* y descubre un artículo que le interesa. Lee que en Hispanoamérica y en España hay ciudades y lugares con el mismo nombre y dan como ejemplo Valladolid. Despierta a Rocío y a Juan.

    —¡Mirad, Valladolid existe en México! El plano que tenemos
10 no es de nuestra ciudad, es de la ciudad que está en México.
    —¡Claro! Por eso el plano no se entiende —dice Juan.
    —Sí, ahora conocemos a uno de los fugitivos…

—…y sabemos los nombres de sus amigos y que están en Hispanoamérica —añade Rocío.

—Y que ahora son ricos. 15
—Y la revista da otra pista: el país es México y la ciudad, Valladolid.
—Es decir, que sabemos dónde están Roberto, Eusebio y Miguel. Y Amancio puede estar allí también.
—Ahora sí que vamos a encontrarlos y a descubrir todos los 20
misterios —añade Rocío.

Los padres de Rocío esperan a los chicos en el aeropuerto de
Barajas y les proponen pasar el día en Madrid. Pero ellos pre-
fieren volver a casa. Piensan en *Más*. Quieren darle besos y
jugar con ella. Además, le traen un regalo, una hierba de la isla 25
que le va a gustar mucho. En el coche hablan en voz baja. Se
preguntan cómo van a hacer para ir a México en las próximas
vacaciones…

Plano de Valladolid-México

GLOSARIO

Español	Francés	Inglés	Alemán
A			
abandonado/a	abandonné	abandoned	verlassen
abrir	ouvrir	to open	öffnen
abuelos (los)	grands-parents	grandparents	Großeltern
acercar	approcher	to come closer	sich nähern
aclarar	éclaircir	to clarify	(auf)klëren
acompañado/a	accompagné	accompanied	beiliegend
adivinar	deviner	to guess	erraten
adoptar	adopter	to adopt	annehmen, adoptieren
aeropuerto (el)	aéroport	airport	Flughafen
afirmar	affirmer	to assert	befestigen
ágil	agile	agile	behend
agujero (el)	trou (le)	hole	Loch
ahí	là	there	da, dort
ahora	maintenant	now	jetzt
aire (el)	air	air	Luft
alegre	joyeux	happy	frölich, lustig
algo	quelque chose	something	etwas
alguien	quelqu'un	someone	jemand
allá	là-bas	over there	dort
alrededor	autour	around	ringsherum
alto/a	grand	tall	hoch, groß
amable	aimable	likable	liebenswürdig
antes (de)	avant	before	früher
antiguo/a	ancien	old, ancient	alt, antik
añadir	ajouter	to add	erweitern
apagar	éteindre	to blow out (a candle)	ausmachen
aparecer	apparaître	to appear	erscheinen, auftreten
aprender	apprendre	to learn	lernen
aquel	celui- là	this (one)	jener, der dort
aquí	ici	here	hier
arriba	en haut	upstairs	oben
artículo (el)	article	article	Artikel
autocar (el)	autocar	bus	Resisebus
aventura (la)	aventure	adventure	Abenteuer
avión (el)	avion	plane	Flugzeug
ayer	hier	yesterday	gestern

B

bailar	danser	to dance	tanzen
bajar	descendre	to go down(stairs)	herunternehmen, abaussteigen
banco (el)	banque	bank	Bank
beber	boire	to drink	trinken
beso (el)	bisou	kiss	Kuß
bocadillo (el)	sandwich	sandwich	belegtes Brötchen
bodega (la)	cave (vin)	wine cellar	Weinkeller
bombón (el)	chocolat	chocolate	Chocolat
brazo (el)	bras	arm	Arm
buscar	chercher	to look for	suchen

C

cabeza (la)	tête	head	Kopf
cada	chaque	every, each	jeder
caer	tomber	to fall	fallen
calculador-a	calculateur	calculating	berechnend
caliente	chaud	hot	heiß, warm
callar	taire	to be quiet	schweigen
calle (la)	rue	street	Straße
calor (el)	chaleur	heat	Wärme
cama (la)	lit	bed	Bett
cámara de fotos (la)	appareil de photos	camera	Kamera
camarero (el)	garçon de café	waiter	Kellner
camino (el)	chemin	path(way)	Weg
camiseta (la)	tee-shirt	tee-shirt	Unterhemd
campamento (el)	colonie de vacances	summer camp	Lagern
campo (el)	champ/campagne...	country(side)	Feld, Land
cansado/a	fatigué	tired	müde
cantar	chanter	to sing	singen
cara (la)	visage	face	Gesigcht
cariño (el)	tendresse	tenderness	Liebe
carta (la)	lettre	letter	Brief
cartel (el)	affiche/pancarte	poster	Aushang, Plakat
celebrar	fêter	to celebrate, to party	feiern
cenar	dîner	to have dinner	zu Aben essen
ceniza (la)	cendre	ash	Asche
cerca (de)	près	near	nahe, ungefährh, bei
cerrar	fermer	to close	schließen
ciudad (la)	ville	city	Stadt
cliente (el/la)	client	customer	Kunde
coche (el)	voiture	kitchen	Auto
cocina (la)	cuisine	car	Küche
coger	prendre	to take	nehmen
columna (la)	colonne	column	Säule
comentar	commenter	to comment	erklären
comenzar	commencer	to start, to begin	anfangen, beginnen
comer	manger	to eat	essen, zu Mittag essen
comida (la)	nourriture	food, meal	Essen
comparar	comparer	to compare	vergleichen

comprar	acheter	to buy	kaufen
comprender	comprendre	to understand	verstehen
condición (la)	condition	condition	Voraussetzung
cono (el)	cône	cone	Kegel
conocer	connaître	to know	kennen
contacto (el)	contact	contact	Varbindung
contar	raconter	to tell	erzählen
contener	contenir	to contain	enthalten
contestar	répondre	to reply	antworten
conversación (la)	conversation	conversation	Gespräch
correr	courir	to run	laufen
cosa (la)	chose	thing	Sacha, Ding
creer	croire	to believe	glauben
cristal (el)	vitre	glass	Glas
crucifijo (el)	crucifix	crucifix	Kruzifix
cruzar	traverser	to cross (over)	duchkreuzen
cueva (la)	grotte	cave	Höhle
cumpleaños (el)	anniversaire	birthday	Geburtstag
cumplir años	avoir tel âge	to be X years old	Geburtstag feiern
curiosidad (la)	curiosité	curiosity	Neugierde
curioso/a	curieux	curious	neugierig

D

dar	donner	to give	geben
debajo	sous	under	unter
deber	devoir	must	sollen, müssen
decidir	décider	to decide	entscheiden
decir	dire	to say	sagen
dejar	laisser	to let	lassen
delante	devant	in front of	vorn
delgado/a	maigre	thin, skinny	dünn
derecha (la)	droite	right	Rechts
desaparecer	disparaître	to disappear	verschwinden
descubrir	découvrir	to discover	aufdecken
desde	depuis, à partir	since, from	seit
desear	souhaiter	to wish	wünschen, wollen
despedirse	dire au revoir	to see off	verabschieden
despertar	réveiller	to wake up	wecken, aufwachen
después (de)	après	afterward, later, after	nachher, später/ nach
día (el)	jour	day	Tag
diablo (el)	diable	devil	Teufel
dibujar	dessiner	to draw	zeichnen
dibujo (el)	dessin	drawing	zeichnen
dinero (el)	argent	money	Geld
dirigir	diriger	to go towards, to direct	sich wenden
disculpar	excuser	to excuse	entschuldigen
diseñador-a (el/la)	dessinateur	designer	Designer
documental (el)	documentaire	documentary	Kulturfilm
dominar	dominer	to dominate	überblicken

dormir	dormir	to sleep	schlafen
duda (la)	doute	doubt	Zweifel
durante	pendant	during	wáhrend

E

edad (la)	âge	age	Alter
elegir	choisir	to choose	wählen
emocionado/a	ému	moved	aufgegreifen
emocionante	émouvant	moving	ergreifend
empezar	commencer	to start	anfangen
empleado/a (el/la)	employé	employee	Angestellter
encender	allumer	to light, to switch on	anmachen
encima	dessus/sur	on (top)	oben
encontrar	trouver/rencontrer	to find	finden
enfadado/a	fâché	angry	böse, ärgend
enseñar	montrer	to show	zeigen
entender	comprendre	to understand	verstehen
entero/a	entier	whole	ganz
entonces	alors/donc	then, so	damals
entrada (la)	entrée	entrance	Eingang
entrar	entrer	to come in	eingehen, eintreten
entre	entre	between	zwischen
equilibrio (el)	équilibre	balance	Gleichgewicht
erupción (la)	éruption	eruption	Ausbruch
esconder	cacher	to hide	verstecken
escritorio (el)	bureau	desktop	Büro
espectáculo (el)	spectacle	show	Schauspiel
esperar	attendre	to wait	warten
espíritu (el)	esprit	spirit	Geist, Seele
estación de tren (la)	gare	train station	Bahnhof
estantería (la)	étagère	shelves	Regal
estupendo/a	magnifique	awesome	prima
examinar	examiner	to examine	prüfen
exclamar	exclamer	exclaim	ausrufen
excursión (la)	excursion	excursion	Ausflug
existir	exister	to exist	bestehen
explicar	expliquer	to explain	erklären
expulsado/a	expulsé	ejected	ausgestoßend
extender	étendre	to spread out	ausbreiten
extraordinario/a	extraordinaire	extraordinary	außergewöhnlich

F

facilidad (la)	facilité	ease	Leichtigkeit
fantasma (el)	fantôme	ghost	Trugbild
fantástico/a	fantastique	fantastic	phantastisch
feliz / felices	heureux	happy	glücklich
fiesta (la)	fête	party	Fest
fijarse	fixer, faire attention	to pay attention to	bemerken
fila (la)	rangée	row	Reihe
foto (la)	photo	photo, picture	Photo
fotografiar	photographier	to take photos	photografieren

frágil	fragile	fragile	gebrechlich
fuego (el)	feu	fire	Feuer
fuera	dehors	outside	außen
fuerza (la)	force	strength	Kraft, Macht, Stärke
fugitivo/a (el/la)	fugitif	fugitive	Flüchtling

G

gato/a (el/la)	chat	cat	Katze
gente (la)	gens	people	Leute
gesto (el)	geste	gesture	Geste
gitano/a (el/la)	gitan	gipsy	Zigeuner
golpear	frapper	to hit	schlagen
gritar	crier	to shout	rufen
guardar	garder	to keep	wahren
guardia (el)	gardien (du parc), vigile (de sécurité)	watchman, guard	Wache
guía (el/la)	guide	guide	Führer

H

habitación (la)	chambre	(bed)room	Zimmer
hablar	parler	to speak	sprechen
hacienda (la)	ferme	farm	Farm
hasta	jusqu'à	until	bis
hermano/a (el/la)	frère, soeur	brother, sister	Bruder, Schwester
hierba (la)	herbe	grass, herb	Gras, Kraut
hijo/a (el/la)	fils, fille	son, daughter	Sohn, Tochter
historia (la)	histoire	story	Erzählung
hora (la)	heure	hour	Stunde
hoy	aujourd'hui	today	heute

I

idea (la)	idée	idea	Idee
igual	pareil	same	Gleichgewicht
iluminar	illuminer	to light up	beleuchten
ilusión (la)	illusion	illusion	Täuschung
imaginación (la)	imagination	imagination	Phantasie
imaginativo/a	imaginatif	imaginative	sinreich
impulsivo/a	impulsif	impulsive	treibend
increíble	incroyable	incredible, unbelievable	unglaublich
indicar	indiquer	to indicate	ausdrücken
informática (la)	informatique	computer science	Informatik
inmóvil	immobile	still, motionless	unbeweglich
inquieto/a	inquiet	worried	unruhig
insignia (la)	insigne	emblem	Abzeichen
insistir	insister	to insist	dringen
instituto	lycée	high school	Gymnasium
interior	intérieur	inside	Innerer
interpretar	interpréter	to interpret	auslegen
interrumpir	interrompre	to interrupt	unterbrechen
investigación (la)	recherche	investigation	Forschung
investigar	faire de la recherche	to investigate	forschen, untersuchen
invitar	inviter	to invite	einladen

irse	s'en aller	to leave, to go	weggehen
isla (la)	île	island	Insel

J

joven (el/la)	jeune	young	Jüngling, jung
jugar	jouer	to play	spielen
junio	juin	june	Juni
juntar	rassembler	to get together	versammeln
juventud (la)	jeunesse	youth	Jugend

L

lado (el)	côté	side	schwóren
lanzar	lancer	to throw	werfen
lava (la)	lave	lava	Lava
leer	lire	to read	lesen
lejos	loin	far	fern
lenguaje (el)	lenguage	language	Sprache
lentamente	lentement	slowly	langsam
levantar	lever	to get up	aufstehen
libre	libre	free	frei
libro (el)	livre	book	Buch
línea (la)	ligne	line	Reihe
linterna (la)	lampe de poche	lantern, flashlight	Laterne
lista (la)	liste	list	Liste
llegar	arriver	to arrive	ankommen
lleno/a	plein	whole	voll, Vollmond
llevar	emmener	to bring, to carry	tragen, bringen
luego	ensuite, après	then	nachher
lugar (el)	lieu	place	Ort
luminoso/a	lumineux	shining	lichtvoll
luna (la)	lune	moon	Mond
lunar	lunaire	lunar	mond
luz (la)	lumière	light	Licht

M

magia (la)	magie	magic	Zauberei
mancha (la)	tâche	stain	Fleck
mano (la)	main	hand	Hand
mapa (el)	carte	map	Landkarte
mar (el)	mer	sea	Meer, See
media	demie	half	halb (Uhr)
mente (la)	esprit	mind	Geist, Sinn
merendar	goûter	to have an afternoon snack	vespern
mesa (la)	table	table	Tisch
meter	mettre	to put	hineintun
mirar	regarder	to look at	ansehen, hinaussehen
mismo/a	même	same	selbst
misterio (el)	mystère	mystery	Geheimnis, Mysterium
misterioso/a	mystérieux	mysterious	geheimnisvoll
mochila (la)	sac à dos	backpack	Rucksack
moneda (la)	monnaie	change, currency	Münze, Geld
montaña (la)	montagne	mountain	Berg

meter	mettre	to put	hineintun
mirar	regarder	to look at	ansehen, hinaussehen
mismo/a	même	same	selbst
misterio (el)	mystère	mystery	Geheimnis, Mysterium
misterioso/a	mystérieux	mysterious	geheimnisvoll
mochila (la)	sac à dos	backpack	Rucksack
moneda (la)	monnaie	change, currency	Münze, Geld
montaña (la)	montagne	mountain	Berg
monte (el)	mont	mount	Wald
moto (la)	moto	motorcycle	Motorrad
mujer (la)	femme	woman	Frau
murciélago (el)	chauve-souris	bat	Fledermaus

N

nada	rien	nothing	nichts
nadie	personne	no one	nimand
nariz (la)	nez	nose	Nase
natural	naturel	natural	natürlich
necesitar	avoir besoin de	need	brauchen
nervioso/a	nerveux	nervous	nervös
noche (la)	nuit	night	Nacht
nunca	jamais	never	niemals

O

obedecer	obéir	to obey	gehorsam
objeto (el)	objet	object	Objekt, Ding
observación (la)	observation	observation	Beobachtung
ocasión (la)	occasion	occasion	Gelegenheit
oír	entendre	to hear	hören
ojo (el)	oeil	eye	Auge
olor (el)	odeur	smell	Geruch
opinar	donner une opinion	to have an opinion	meinen, glauben
orden (el)	ordre	order	Ordung
ordenador (el)	ordinateur	computer	Computer
organizar	organiser	to organize	organisieren
orientación (la)	orientation	orientation	Orientierung
original	original	original	ursprünglich, originell
oro (el)	or	gold	Gold
oscuridad (la)	obscurité	darkness	Dunkelheit
oscuro/a	obscur	dark	dunkel

P

paciencia (la)	patience	patience	Geduld
padres (los)	parents	parents	Eltern
país (el)	pays	country	Land
paisaje (el)	paisage	landscape	Landschaft
panorámica (la)	panoramique	panoramic	Überblick
papel (el)	papier	paper	Papier
parar	arrêter	to stop	anhalten, stoppen
pared (la)	mur	wall	Wand
paseo (el)	promenade	walk	Promenade
paso (el)	passage	way	Durchgang

patio (el)	patio	courtyard, playground	Hof
pausa (la)	pause	break (pause)	Pause
pelea (la)	querelle	fight	Kampf
peligro (el)	danger	danger	Gefahr
pelo (el)	cheveux	hair	Haar
pena (la)	peine	sorrow	Leid, Schade
península (la)	péninsule	peninsula	Halbinsel
pensar	penser	to think	denken
pequeño/a	petit	little, small	klein
perder	perdre	to loose	verloren
perdonar	pardonner	to forgive	begnadigen
perfecto	parfait	perfect	vollkommen
permiso (el)	permission	permission	Erlaubnis
permitido/a	permis	allowed	erlaubent
perro (el)	chien	dog	Hund
piedra (la)	pierre	stone	Stein
pista (la)	piste	track	Spur
planeta (el)	planète	planet	Planet
plano (el)	plan	map	Plan
plaza (la)	place	square	Platz
poco/a	peu	little (few)	wenig
poder	pouvoir	can	können, dürfen
policía (el/la)	policier	police	Polizei
poner	mettre	to put	setzen, stellen
preferir	préférer	to prefer	vorziehen
pregunta (la)	question	question	Frage
preguntar	demander	to ask	fragen
preparar	préparer	to prepare	vorbereiten
programa (el)	programme	program	Programm
prohibido	interdit	forbidden	verboten
prometer	promettre	to promise	versprechen
proponer	proposer	to suggest	vorschlagen
proteger	protéger	to protect	schützen
próximo/a	prochain	next	nächste
pueblo (el)	village	village	Dorf
puerta (la)	porte	door	Tür
puesta de sol (la)	coucher de soleil	sunset	Sonnenuntergang
pulsar	cliquer	to make a click	drücken
punto (el)	point	point	Punkt
Q			
quedar	rester	to stay	bleiben, werden
quemado/a	brûlé	burnt	gebrannt
querer	vouloir/aimer	to want, to love	wollen, mögen
R			
rabo (el)	queue	tail	Schwanz
rápidamente	rapidement	fast	schnell
raza (la)	race	race	Rasse
razón (la)	raison	reason	Recht
reaccionar	réagir	to react	reagieren

realidad (la)	réalité	reality	Wirklichkeit
reconocer	reconnaître	to recognize	erkennen
recordar	rappeler	to remember	erinnen
regalo (el)	cadeau	gift, present	Geschenk
reír	rire	to laugh	lachen
respirar	respirer	to breathe	atmen
responder	répondre	to answer	antworten
resumir	résumer	to sum up	kurzfassen
reunir	réunir	to meet, to get together	sammeln
revés (al)	à l'envers	upside down	umgekehrt
revista (la)	revue	magazine	Magazin, Zeitschrift
rico/a (el/la)	riche	rich	reich
río (el)	fleuve/rivière	river	Fluß
risa (la)	rire	laughter	Lachen
rojo/a	rouge	red	rot
ropa (la)	vêtement	clothes	Kleidung
ruido (el)	bruit	noise	Lärm

S

saber	savoir	to know	wissen
sala (la)	salle	room	Saal, Raum
salida (la)	sortie	exit	Ausgang
salir	sortir	to exit, to get out, to come out	ausgehen, weggehen, aufbrechen
salvaje (animal…)	sauvage	wild	wild
secreto (el)	secret	secret	Geheimnis
seguir	suivre	to follow	folgen, ~weiter
seguro/a	sûr, certain	sure	sicher
sentarse	s'asseoir	to sit down	setzen
sentido (el)	sens	sense	Sinn
señalar	signaler	to indicate, to show	zeigen
septiembre	septembre	september	September
seriamente	sérieusement	seriously	ernst
serio/a	sérieux	serious	ernst
sobre	sur	on	auf
sol (el)	soleil	sunset	Sonne
solo/a	seul	alone	alleine
solucionar	résoudre	to solve	lösen
sonar (el teléfono)	sonner	to ring	klingen, tönen
sonreír	sourire	to smile	lächeln
soplar	souffler	to blow	blasen
sordomudo/a	sourd-muet	deaf-mute	Taubstummer
sorprender	surprendre	to surprise	überraschen
sorprendido/a	surpris	surprised	überrascht
subir	monter	to go up(stairs), to get on	steigen, hinaufsteigen
suelo (el)	sol	floor, ground	Boden
suerte (la)	chance	luck	Glück

tierra (la)	terre	ground, earth	Erde, Land, Boden
tirar	jeter	to throw	werfen
todavía	encore	still	noch
tomar	prendre	to take	nehmmen
tradición (la)	tradition	tradition	Tradition
tranquilizar	tranquilliser	to calm down	beruhigen
tranquilo/a	tranquille	quiet	ruhig
transformar	transformer	to turn into	umbilden
tren (el)	train	train	Zug
tridente (el)	trident	trident	Dreizack
trompeta (la)	trompette	trumpet	Trompete
túnel (el)	tunnel	tunnel	Tunnel
turista (el/la)	touriste	tourist	Tourist

U

último/a	dernier	last	letzte

V

vacaciones (las)	vacances	holiday, vacation	Urlaub
vapor (el)	vapeur	steam	Dampf
varios/as	plusieurs	several	verschiden
veces/vez	fois, en même temps	time(s)	Mal
vela (la)	bougie	candle	Wachen
vendedor-a (el/la)	vendeur	salesperson	verkäufer
venir	venir	to come	kommen
ventana (la)	fenêtre	window	Fenster
ventanilla (la)	fenêtre	window	Fensterchen
ver	voir	to see	sehen
verdad (la)	vrai, vérité	truth	Wahrheit
verde	vert	green	grün
veterinario/a (el/la)	vétérinaire	veterinary	Tierartz
viaje (el)	voyage	trip	Reise
viejo/a	vieux	old	Alt
visitar	visiter	togo	Besucht
vista (la)	vue	view	Ansicht
vivir	vivre	to live	leben
vivo/a	vivant	alive	lebendig
volcánico/a	volcanique	volcanic	vulkanisch
volver	revenir, retourner	to go back	züruckgehen
votar	voter	to vote	abstimmen
voz (la)	voix	voice	Stimme

GUÍA DE LECTURA

Capítulo 1 · *Adiós al pueblo*

Comprensión lectora

Contesta a las preguntas.
1. ¿Con quién se hacen fotos los chicos en su último día en el pueblo?
2. ¿Dónde guardan los tesoros de la cueva?
3. ¿Qué les dicen a los abuelos al despedirse en la estación?
4. ¿Quién dice que tienen que pensar en el bien de *Más* antes que en ellos?

Señala las afirmaciones que te parecen exactas.
1. Entre los tesoros de la cueva hay una llave. ☐
2. Los chicos dejan el pueblo y vuelven a Valladolid. ☐
3. Los padres piensan que es mejor un perro que una gata. ☐
4. Rocío se queda con la gata en su casa. ☐

Usos de la lengua

1. Transforma los verbos de estas frases del texto en 1.ª persona del singular.

Vuelve a casa. > *Vuelvo* a casa.

    a. *Se despiden* con muchos besos.
    b. *Tenemos* a *Más*.
    c. No *estás* muy contenta.
    d. *Piensan* que van a solucionarlo todo.

2. Pon en plural las frases.

Es el mejor sitio. > *Son los mejores sitios.*

    a. Es el mejor recuerdo.
    b. Es la mejor historia.
    c. Es mi mejor recuerdo.
    d. Es la mejor película.

Capítulo 2   *Más da pistas*

Comprensión lectora
Contesta a las preguntas.
1. ¿Qué hace la gata en casa de Rocío?
2. ¿Para qué se reúnen los tres?
3. ¿Qué va a poner Andrés como fondo de escritorio?
4. ¿Qué pista les da *Más*?

Completa correctamente.
Rocío prefiere:
    a. la foto de la cueva con las velas.
    b. la foto con los perros Trisca y Bruno.
    c. la foto del diablo.

Juan y Andrés tienen los años que va a cumplir Rocío.
    a. Doce años.
    b. Trece años.
    c. Veinte años.

Creen que los fugitivos están:
    a. en la Plaza Mayor.
    b. en las cuevas del Cerro de San Cristóbal.
    c. en el Campo Grande.

¿Qué pasa el 29 de junio?
    a. Se acaban las clases.
    b. Es el cumpleaños de Rocío.
    c. Es el cumpleaños de *Más*.

Usos de la lengua
1. Cambia de número estas frases.
¿Os gusta esta foto? > *¿Te gustan estas fotos?*
    a. *¿Te gusta* el tren?
    b. *¿Te gustan* las aventuras?
    c. *¿Le gusta* ese dibujo?
    d. *¿Les gustan* los gatos?
    e. *¿Os gusta* la ciudad o el pueblo?

2. Transforma las frases.
El gato juega con un papel. > El gato está jugando con un papel.
    a. Veo la televisión.
    b. Trabajamos en casa.
    c. Juega con el ordenador.
    d. Celebro mi cumpleaños.
    e. Piensan volver al pueblo.

Capítulo 3   ***Las cuevas del Cerro de San Cristóbal***

Comprensión lectora
1. Escoge la respuesta correcta.
    1. Juan y Andrés buscan un regalo:
        a. para el gato.
        b. para Rocío.
        c. para sus padres.

    2. Los tres van al Cerro de San Cristóbal:
        a. para celebrar el cumpleaños de Rocío.
        b. para ver a unos amigos.
        c. para buscar un tesoro.

    3. En la cueva encuentran:
        a. un perro.
        b. murciélagos.
        c. ratas.

    4. Comen la tarta de cumpleaños:
        a. dentro de la cueva.
        b. en la puerta de la cueva.
        c. en casa de Rocío.

5. Cuando salen de la cueva:
   a. un guardia les llama la atención.
   b. una gitana les lee las líneas de la mano.
   c. no ven a nadie.

2. Tú también escribes la aventura.
Escribe otro final para este capítulo.
Por ejemplo: *En las cuevas encuentran a los fugitivos.*

Usos de la lengua

1. Sustituye el nombre por el pronombre correspondiente: *lo, la, los, las*.
El vendedor lleva <u>a los chicos</u> donde están las camisetas. >
El vendedor <u>los</u> lleva donde están las camisetas.

   a. Lees *el cuento*.
   b. Ve *a los chicos* en la calle.
   c. Cerramos *las puertas de casa*.
   d. Preparáis *los exámenes*.
   e. Los chicos compran *la camiseta*.

2. Transforma las frases.
Juan da una pista <u>a Rocío</u>. > Juan <u>le</u> da una pista.

   a. Doy un regalo *a mi amiga*.
   b. Escribo una carta *a mis padres*.
   c. Da dos besos *a su amigo*.
   d. Ayuda *a Juan* a quitar las piedras.
   e. Pregunta *a Rocío* muchas cosas.

Capítulo 4

Lanzarote, la isla del diablo

Comprensión lectora
Contesta a las preguntas.
1. ¿Por qué no está contenta la gata?
2. ¿Qué buscan en internet los chicos?
3. ¿Cuál es el símbolo de la isla de Lanzarote?
4. ¿Cómo pueden ir a Lanzarote?
5. ¿En qué dos islas de Canarias hay campamentos multiaventura?
6. ¿Quién organiza los campamentos?
7. ¿Qué piensan sus padres de este viaje?

Usos de la lengua
1. ¿Cuál es el participio pasado?
Hacer > Hecho.
   a. Decir.
   b. Ver.
   c. Comer.
   d. Estar.
   e. Poner.

2. Transforma las frases.
Más *juega* como siempre. > Más *empieza a jugar* como siempre.
   a. Comemos antes que vosotros.
   b. Trabaja por la tarde.
   c. Los chicos se ríen cuando *Más* juega.
   d. Aprendo inglés este verano.

Capítulo 5   *Las Montañas de Fuego*

Comprensión lectora
Verdadero o falso.

	V	F
1. Es la primera vez que vuelan en avión.	☐	☐
2. Cuando llegan a Lanzarote, ven un volcán.	☐	☐
3. El diablo de Lanzarote no se parece al dibujo de Juan.	☐	☐
4. La tierra de Lanzarote es lava volcánica.	☐	☐
5. Hacen fotos y sale una mancha blanca en la foto.	☐	☐
6. Timanfaya es un Parque Natural y hay que protegerlo.	☐	☐
7. Un guía echa agua en el suelo y el agua se transforma en vapor.	☐	☐
8. Los chicos entran en un sitio prohibido.	☐	☐
9. Este sitio no tiene ningún peligro.	☐	☐

Usos de la lengua
1. Imperativos. Transfórmalos en 2.ª persona del singular (tú).
Corred > corre.

   a. Dad.
   b. Leed.
   c. Oíd.
   d. Mirad.
   e. Escribid.

2. Completa con *ser* o *estar*.
   a Rocío *es / está* en casa.
   b. No sé dónde *es / está* la mancha.
   c. ¿De quién *es/está* esto, Juan?
   d. *Estamos / Somos* en la isla del diablo.
   e. Puede *ser / estar* por el fuego que sale de la tierra.
   f. ¿De dónde puede *ser / estar*? —pregunta Andrés.

Capítulo 6 *Los tres avanzan en su investigación*

Comprensión lectora
Escoge la respuesta correcta.

1. Los chicos enseñan al guía:
   a. el crucifijo.
   b. la foto de los latinoamericanos.
   c. un plano de Valladolid.

2. Una persona de la foto se parece:
   a. a un camarero del restaurante «El Diablo».
   b. a un vecino del guía.
   c. al guía.

3. Cuando llegan al restaurante:
   a. la gente está comiendo.
   b. hay pocos clientes.
   c. hay solo empleados.

4. Cuando ve la foto, Enrique:
   a. está muy contento.
   b. se queda sorprendido.
   c. no dice nada.

5. Enrique les cuenta la historia:
   a. de su vida.
   b. de los cinco latinoamericanos.
   c. de Lanzarote.

Usos de la lengua
1. Transforma las frases: *Usted > Tú*.
¿S*e llama usted* Enrique? > ¿*Te llamas* Enrique?
   a. (Usted) No conoce las cuevas.
   b. (Usted) Dice muchas cosas.
   c. (Usted) Sabe dónde está el restaurante.
   d. ¿(Usted) Lleva mucho tiempo aquí?
   e. (Usted) Lee muchos libros.

2. Completa con los pronombres: _me, te, le, nos, os, les_.
A Rocío… gusta la magia. > A Rocío _le_ gusta la magia.
- a. A los chicos… gustan los animales.
- b. A nosotros no… llevan al campamento.
- c. A vosotros… gusta la isla.
- d. A Juan… encanta la ropa.
- e. A mí… encanta el mar.
- f. A Andrés… encantan los ordenadores.
- g. A ti no… preguntan nada.

Capítulo 7   _Valladolid también está en México_

Comprensión lectora
Verdadero o falso.

	V	F
1. La ciudad de Valladolid existe también en México.	☐	☐
2. Ahora conocen personalmente a varios fugitivos.	☐	☐
3. Amancio puede estar en México.	☐	☐
4. Cuando llegan a Madrid, prefieren visitar la ciudad.	☐	☐
5. Traen regalos de Lanzarote para toda la familia.	☐	☐
6. Ahora piensan en su próximo viaje: Perú.	☐	☐

Usos de la lengua
1. Pon en singular (1.ª persona) las frases.
Sabemos dónde está Roberto. > _Sé_ dónde está Roberto.
- a. Conocemos a uno de los fugitivos.
- b. Vamos a encontrarlos.
- c. Tenemos un plano de la ciudad.
- d. Escuchamos con mucha atención.
- e. Dormimos en el avión.
- f. Están en Hispanoamérica.

2. Transforma las frases.

Les explico lo que hay que *hacer (ellos). > Les explico lo que* tienen que *hacer.*

- a. Hay que buscar (tú) en internet *montañas del diablo.*
- b. Hay que protegerlo (nosotros).
- c. También hay que tener (yo) mucha suerte.
- d. Hay que volver (vosotros) a casa.
- e. Hay que hacer (ellos) lo mejor para la gata.
- f. Hay que resolver (él) el misterio.

Continúa la aventura, y lee...

Incluye CD audio

La isla del diablo
Primera edición: 2009
© Edelsa Grupo Didascalia S.A.

Autor: Alonso Santamarina
Dirección y coordinación editorial: Departamento de Edición de Edelsa
Diseño de cubierta: Departamento de Imagen de Edelsa
Maquetación: Estudio Grafimarque
Ilustraciones: Ángeles Peinador
Fotografías: Archivo Edelsa
Imprenta: Gráficas Rógar S.A.

ISBN: 978-84-7711-571-7
Depósito legal: M-2385-2009
Impreso en España /*Printed in Spain.*